Markus Mikikis

Selbstmordattentäter im Nahost-Konflikt

Markus Mikikis

Selbstmordattentäter im Nahost-Konflikt

GRIN Verlag

Bibliografische Information der Deutschen Nationalbibliothek: Die Deutsche Bibliothek verzeichnet diese Publikation in der Deutschen Nationalbibliografie; detaillierte bibliografische Daten sind im Internet über http://dnb.d-nb.de/ abrufbar.

1. Auflage 2005
Copyright © 2005 GRIN Verlag
http://www.grin.com/
Druck und Bindung: Books on Demand GmbH, Norderstedt Germany
ISBN 978-3-638-65489-0

RWTH-Aachen

Institut für Politische Wissenschaft
Proseminar: Israel-Palästina
WS 04/05

<u>Oberthema: Israel-Palästina</u>

„Selbstmordattentäter im Nahost-Konflikt"

- Israel und Palästina in der Gewaltspirale

Vorgelegt als Hausarbeit
Markus Mikikis
Aachen, den 07.03.2005

Inhaltsverzeichnis

1. Einleitung

Mehr als hundert Jahre stehen Palästinenser und Juden in Konflikt zueinander. Terror und Friedensverhandlungen wechseln sich seit der Gründung Israels im Jahr 1948 ab, ohne dass die Verhandlungen den Frieden in greifbare Nähe gerückt haben. Seit den 90er Jahren des letzten Jahrhunderts wird im Rahmen dieses Konflikts verstärkt auf palästinensischer und israelischer Seite ein gnadenloser Kampf ausgetragen, wodurch Tausende von Menschen zu Tode kamen und bis heute kommen. Insbesondere die Zivilbevölkerungen beider Seiten sind dabei die Leitragenden in diesem, durch Religion und Recht auf Existenz gerechtfertigten Krieges. Das Kampfmittel des Selbstmordattentats, das in den 1970'er Jahren auf palästinensischer Seite erstmals angewandt wurde, fand in kürzester Zeit weite Verbreitung und hat dem Konflikt eine neue Dimension verliehen. [1]

Das Selbstmordattentat hat sich heute zu einem internationalen Phänomen entwickelt, das in den letzten 20 Jahren von nicht weniger als 17 Gruppierungen aus 14 verschiedenen Ländern eingesetzt wurde. Einer Gesamtzahl von über 400 Selbstmordattentaten fielen seit den 1970'er Jahren 25.000 Menschen zum Opfer, von denen ca. 5.000 um ihr Leben kamen. Hinzu kommt ein beträchtlicher wirtschaftlicher Schaden, der jedoch angesichts der vielen Toten und teils schwer Verletzten unwesentlich erscheint. [2]

In diesem Aufsatz werde ich zunächst den Ursprung des systematischen Selbstmordattentats, das Comeback dieser ‚wirksamen' Waffe in den 90'er Jahren, und ihre Entwicklung im Rahmen des Nahost-Konflikts bis zu Beginn des 21. Jahrhunderts darstellen. Eine Übersicht über den Verlauf des Friedensprozesses soll dem Leser eine Vorstellung von der über Jahren äußerst angespannten Lage im Nahen Osten vermitteln.

Des Weiteren möchte ich untersuchen wodurch es zu der Entstehung eines palästinensischen Todeskultes kam, in dem Menschen als lebende Waffen instrumentalisiert wurden und werden, um in der israelischen Bevölkerung Angst und Schrecken zu verbreiten. Es scheint heute eine Allerweltsweisheit zu sein, dass Gewalt im Allgemeinen und das Selbstmordattentat im Speziellen aus Armut hervorgeht, und somit nur durch die Stabilisierung der wirtschaftlichen Lage zu bekämpfen sei. Anknüpfend an diese These, werde ich verdeutlichen, dass die Ursachen vielschichtiger sind und eine Bezugnahme auf psychologische Aspekte für das

---

[1] Vgl. Landeszentrale für politische Bildung, Baden-Württemberg: Der Nahost-Konflikt, online im Internet <http://www.lpb.bwue.de/aktuell/nahost.htm> 2005 (zugegriffen am 2.03.2005)

[2] Vgl. Dr. Kümmel, Gerhard: Das Lächeln der Freude. Selbstmord-Attentate als Selbstopfer, online im Internet <http://www.ifdt.de/0401/Artikel/kuemmel.htm>, März 2004 (zugegriffen am 10.02.2005), S.1

Verständnis des Phänomens Selbstmordattentat unerlässlich ist. Abschließend möchte ich mich der Frage nach den geeigneten Maßnahmen zur Einhegung des Konflikts, und damit der Gewalt, widmen.

2. Die Geschichte der Selbstmordattentate

2.1 Ursprung des systematischen Selbstmordattentats

Die Tradition des systematischen Selbstmordattentats geht zurück auf Japan, wo „die Krieger-Ethik der Samurai"[3] dieses Kampfmittel in Form der japanischen Kamikaze-Flieger in der ersten Hälfte des 20. Jahrhunderts - im Rahmen des 2. Weltkrieges - hervorbrachte. Auch das nationalsozialistische Deutschland entdeckte das Selbstmordattentat für seine Zwecke, und entsandte gegen Ende des 2. Weltkrieges die ersten, und gleichzeitig auch letzten deutschen Kamikaze-Flieger.[4]

In den 1940'er Jahren fand das Selbstmordattentat während der Kolonialherrschaft Japans über Korea auch dort Einzug, und wurde zu Beginn der 1950'er Jahre im Korea-Krieg mehrfach eingesetzt. Während die südkoreanische Republik Korea sich nach Beendigung des Krieges mit den USA militärisch verbündete, einen westlichen Kurs einschlug und damit die Taktik des Selbstmordattentats aufgab, etablierte sich dieses Kampfmittel im kommunistisch-totalitären Staat Nordkorea und entwickelte sich schließlich zur Staatsdoktrin. Dort hat sich die Tradition des Selbstmordattentats bis heute erhalten und ist aus der Staatspropaganda Nordkoreas nicht mehr wegzudenken. Nordkorea verfügt seit langem über Selbstmordkommandos, die dem japanischen Muster entsprechen.[5]

Die Hauptstadt Nordkoreas Pjöngjang spielt seit den 1970'er Jahren eine große Rolle bei der „Proliferation des Kampfmittels Selbstmordattentat"[6], indem sie Attentätern und deren Organisationen Unterschlupf gewährt. Dies geschah beispielsweise im Falle des Massakers auf dem Flughafen von Tel Aviv im Mai 1972, das von drei Mitgliedern der ‚Japanischen Roten Armee Fraktion' verübt wurde. Die ‚Japanische Rote Armee Fraktion' hatte ihren Stützpunkt in Nordkorea, und bereitete dort ihr Attentat vor. Ziel dieser Tat war einen Krieg gegen den Imperialismus, und damit vor allem gegen die USA zu entfachen. Zu diesem Zweck nahm

---

[3] Dr. Kümmel, Gerhard: Das Lächeln der Freude. Selbstmord-Attentate als Selbstopfer, online im Internet <http://www.ifdt.de/0401/Artikel/kuemmel.htm>, März 2004 (zugegriffen am 10.02.2005), S.1
[4] Vgl. Dr. Kümmel, Gerhard: Das Lächeln der Freude. Selbstmord-Attentate als Selbstopfer, online im Internet <http://www.ifdt.de/0401/Artikel/kuemmel.htm>, März 2004 (zugegriffen am 10.02.2005), S.1
[5] Vgl. Croitoru, Joseph: Der Märtyrer als Waffe. Die historischen Wurzeln des Selbstmordattentats. Carl Hanser Verlag München, Wien 2003, S.72
[6] Dr. Kümmel, Gerhard: Das Lächeln der Freude. Selbstmord-Attentate als Selbstopfer, online im Internet <http://www.ifdt.de/0401/Artikel/kuemmel.htm>, März 2004 (zugegriffen am 10.02.2005), S.1

Fusako Shigenobu, eine der Schlüsselfiguren der ‚Japanischen Roten Armee Fraktion‘, Kontakt zur ‚Volksfront für die Befreiung Palästinas‘ (PFLP) auf.[7]

Die PFLP, weniger an einem Krieg gegen den Imperialismus interessiert, sondern vielmehr an der Vernichtung des Staates Israels und der Errichtung eines palästinensischen Staates, organisierte für die drei japanischen Selbstmordattentäter ein Spezialtraining und unterstützte den geplanten Anschlag in vielen weiteren Aspekten. Auf diesem Weg fand das Kampfmittel des systematischen Selbstmordattentats „seinen Eingang in den Nahost-Konflikt, und wurde auf palästinensischer Seite nach kurzer Zeit zum Programm erhoben.“[8] [9]

2.2 Comeback der Selbstmordattentäter in den 1990'er Jahren

Das erste palästinensische Selbstmordattentat im Jahr 1974 soll von der radikal islamistischen Gruppe PFLP-GC[10] (Volksfront für die Befreiung Palästinas-Generalkommando), angeführt von Ahmad Dschibril, geplant und ausgeführt worden sein. Die Von der PFLP abgespaltene Organisation, die seit ihrer Entstehung mit der von Arafat angeführten Al-Fatah konkurriert, beharrte darauf, dass es sich bei ihren mit Sprengsätzen bewaffneten Attentätern um die ersten palästinensischen Selbstmordattentäter gehandelt habe, während Israel hartnäckig an der Version festhielt, dass die Sprengsätze explodierten, als sie von einem israelischen Geschütz getroffen wurden. Dass Dschibril die Täterschaft mit größter Nachhaltigkeit bis heute zu untermauern versucht, kann als Indiz für den „erbitterten Konkurrenzkampf“[11] unter den zahlreichen palästinensischen Terrororganisationen verstanden werden. [12]

Das primäre Ziel der Attentate war einer Beilegung des israelisch-palästinensischen Konflikts entgegenzuwirken. Nachdem die Anzahl der Selbstmordattentate Ende der 70'er Jahre zurückging, erlebte diese bewährte Waffe in den 90'er Jahren in diesem Zusammenhang ihr Comeback.[13]

---

[7] Vgl. Croitoru, Joseph: Der Märtyrer als Waffe. Die historischen Wurzeln des Selbstmordattentats. Carl Hanser Verlag München, Wien 2003, S.75
[8] Dr. Kümmel, Gerhard: Das Lächeln der Freude. Selbstmord-Attentate als Selbstopfer, online im Internet <http://www.ifdt.de/0401/Artikel/kuemmel.htm>, März 2004 (zugegriffen am 10.02.2005), S.2
[9] Vgl. Dr. Kümmel, Gerhard: Das Lächeln der Freude. Selbstmord-Attentate als Selbstopfer, online im Internet <http://www.ifdt.de/0401/Artikel/kuemmel.htm>, März 2004 (zugegriffen am 10.02.2005), S.2
[10] Generalkommando und Ablehnungsfront als Antwort auf die von Arafat propagierte Teilstaatslösung.
[11] Croitoru, Joseph: Der Märtyrer als Waffe. Die historischen Wurzeln des Selbstmordattentats. Carl Hanser Verlag München, Wien 2003, S.82
[12] Vgl. Croitoru, Joseph: Der Märtyrer als Waffe. Die historischen Wurzeln des Selbstmordattentats. Carl Hanser Verlag München, Wien 2003, S.81f
[13] Vgl. Croitoru, Joseph: Der Märtyrer als Waffe. Die historischen Wurzeln des Selbstmordattentats. Carl Hanser Verlag München, Wien 2003, S.81f

Der palästinensische Widerstand nach dem Ausbruch der Intifada im Jahr 1987 deutete bereits auf die Wiederkehr der Selbstmordattentate hin, auch wenn sich die Gewaltaktionen anfänglich auf aggressive Straßendemonstrationen, die durch dramatische Fernsehbilder Steine werfender Kinder und Jugendlicher die Aufmerksamkeit der westlichen Welt auf sich zogen, beschränkten. [14] Möglicherweise hätten diese, sich in Lebensgefahr bringenden Kinder, ohne dem Feind jedoch gefährlich werden zu können, als Vorzeichen für das Aufkommen der Selbstmordattentate verstanden werden können, denn in ihrer Lebensverachtung, so Christoph Reuter (Verfasser des Buches „Mein Leben ist eine Waffe- Selbstmordattentäter), sind sie den Selbstmordattentätern sehr ähnlich. [15]

Die PLO, palästinensische Organisation für die Befreiung Palästinas und Errichtung eines unabhängigen palästinensisch-arabischen Staates, übernahm schnell die Führung des palästinensischen Widerstandes, zeigte sich doch durch die Annahme der UN-Resolution 181 im Jahr 1988 friedensbereit. Hingegen bildete die PFLO-GC, die nun die islamistischen Splittergruppen Hamas und Islamischer Dschihad [16] vereinte, deren engen Beziehungen zu der PFLO-GC sich in den folgenden Jahren auf die Organisation und Ausführung von Selbstmordattentaten bezog[17], eine Opposition, die bestrebt war die Bemühungen einer friedlichen Beilegung des Konflikts, und in diesem Rahmen die Umsetzung der Osloer Friedensverträge zu vereiteln. Dies zeigte sich deutlich im September 1993, indem Ahmad Dschibril vier Tage vor der Unterzeichnung der Osloer-Verträge am 9. September drohte, dass der Vorsitzende der PLO, Jassir Arafat, im Falle der Unterzeichnung mit seinem Leben bezahlen und eine Vielzahl von Selbstmordattentaten in ganz Israel die Folge sein werde. Am Abend vor dem Abschluss des israelisch-palästinensischen Friedensabkommens wurde diese Drohung zum Teil in die Tat umgesetzt. Ein Anschlag auf das Leben Jassir Arafats erfolgte nicht, doch wurden zahlreiche Selbstmordattentate von der Hamas und der Gruppe Islamischer Dschihad am selben Abend verübt. [18]

Nach einer Anschlagserie die drei Selbstmordattentate umfasste, die jedoch alle aufgrund mangelnder Vorbereitung missglückten, oder von israelischen Soldaten verhindert werden konnten, forderte die israelische Opposition die Regierung Rabin auf, das Friedensabkommen

---

[14] Vgl. Croitoru, Joseph: Der Märtyrer als Waffe. Die historischen Wurzeln des Selbstmordattentats.
Carl Hanser Verlag München, Wien 2003, S.165f
[15] Vgl. Reuter, Christoph: Mein Leben ist eine Waffe. Selbstmordattentäter- Psychogramm eines Phänomens
C. Bertelsmann Verlag München 2002, S.190
[16] Palästinensischer Ableger der vom Iran aufgebauten und unterstützten schiitisch-libanesischen
Kampforganisation Hizbullah. Die Hizbullah wird verantwortlich gemacht für zahlreiche Selbstmordattentate,
vor allem im Libanon, die sich gegen die israelische Besatzung des Landes richten.
[17] Die zunehmend engen Beziehungen der Organisationen bezogen sich auch auf den Austausch von
Informationen über den Bau von Autobomben und der Ausbildung von Selbstmordattentätern.
[18] Vgl. Croitoru, Joseph: Der Märtyrer als Waffe. Die historischen Wurzeln des Selbstmordattentats.
Carl Hanser Verlag München, Wien 2003, S.170

mit der PLO nicht zu unterzeichnen, um weitere Anschläge zu verhindern. Die israelische Regierung kam dieser Forderung jedoch nicht nach, und Regierungschef Rabin und Jassir Arafat unterzeichneten am 13.September 1993 das Friedensabkommen, worauf sich wie zu erwarten die Terrorwelle fortsetzte.[19] Das erste erfolgreiche Selbstmordattentat konnten die palästinensischen Terroristen am 4.Oktober verbuchen. Bei der Detonation einer Fahrzeugbombe, die von einem palästinensischen Todesfahrer auf einen vorwiegend mit israelischen Soldaten besetzten Bus gesteuert wurde, starb der Todesfahrer und dreißig Businsassen wurden teils schwer verletzt. Zu dem Anschlag bekannten sich die Hams und Islamischer Dschihad gleichermaßen, und erklärten das Attentat „als Antwort auf die brutalen Razzien des israelischen Militärs (…) gegen Mitglieder beider Organisationen."[20] [21]

Bis in das Jahr 1994 zielten die von den radikal-islamischen Palästinensergruppen organisierten und verübten Selbstmordattentate vorwiegend auf die Tötung israelischer Soldaten ab. Dies änderte sich am 25.Februar 1994 durch das von Baruch Goldstein verübte Massaker in der Ibrahim Moschee am Schrein der Patriarchen in Hebron. Der aus New York stammende jüdische Siedlerarzt ermordete während des Freitagsgebets am Ramadan 29 Palästinenser. Als uniformierter palästinensischer Sanitätshauptmann verkleidet, schoss er mit einem Schnellfeuergewehr auf die betende Menschenmenge.[22] Die radikal-islamischen Palästinensergruppen reagierten darauf, indem sie auch die israelische Zivilbevölkerung ins Visier ihrer Selbstmordattentate nahmen. Wurden die Attentate zuvor geographisch weit gestreut, um „eine Atmosphäre des allgegenwärtigen Terrors"[23] zu erzeugen, konzentrierten sich die Terrorgruppen nun auf die wichtigsten Ballungszentren Israels:
Am 19.Oktober zündete ein Mitglied der Gruppe Islamischer Dschihad seine Bombe in einem Bus im Zentrum von Tel Aviv, und am 25.Dezember verübte ein Mitglied der Hamas ein Selbstmordattentat an einer Bushaltestelle in Jerusalem.[24]
Während dieser Phase des Konflikts wurde deutlich, dass es bei den palästinensischen Selbstmordattentaten nicht zuletzt um „die Instrumentalisierung der israelischen wie der

---

[19] Vgl. Croitoru, Joseph: Der Märtyrer als Waffe. Die historischen Wurzeln des Selbstmordattentats.
Carl Hanser Verlag München, Wien 2003, S.171
[20] Croitoru, Joseph: Der Märtyrer als Waffe. Die historischen Wurzeln des Selbstmordattentats.
Carl Hanser Verlag München, Wien 2003, S.171
[21] Vgl. Croitoru, Joseph: Der Märtyrer als Waffe. Die historischen Wurzeln des Selbstmordattentats.
Carl Hanser Verlag München, Wien 2003, S.171
[22] Vgl. Reuter, Christoph: Mein Leben ist eine Waffe. Selbstmordattentäter- Psychogramm eines Phänomens
C. Bertelsmann Verlag München 2002, S.159f
[23] Croitoru, Joseph: Der Märtyrer als Waffe. Die historischen Wurzeln des Selbstmordattentats.
Carl Hanser Verlag München, Wien 2003, S.172
[24] Vgl. Croitoru, Joseph: Der Märtyrer als Waffe. Die historischen Wurzeln des Selbstmordattentats.
Carl Hanser Verlag München, Wien 2003, S.172

internationalen Medien zum Zweck der psychologischen Kriegsführung ging".[25] Ein Wettlauf um die Aufsehen erregendsten Bilder zwischen israelischen und internationalen Medien, und eine „unappetitliche"[26] Berichterstattung kam diesem Zweck, und damit den palästinensischen Terrorgruppen zu Gute. Zahlreiche Experten auf dem Gebiet des Terrorismus warnten davor den Terroristen und ihren Anschlägen zu viel mediale Aufmerksamkeit zukommen zu lassen. Die den militärisch unterlegenen Terroristen dadurch zukommende Aufmerksamkeit betrachteten sie als „eine indirekte Unterstützung des islamischen Terrors".[27] Auch die Terrorgruppen gerieten zunehmend in Konkurrenz zueinander. Um das Interesse der Medien auf die jeweils eigene Organisation zu konzentrieren und sich voneinander abzugrenzen, inszenierten die Hamas und der Islamische Dschihad zunehmend spektakulärere Attentate.[28] Dies gelang vor allem der Gruppe Islamischer Dschihad mit seinem Fahrrad-Selbstmordattentat vom 11. November 1994.[29]

In den folgenden Jahren forderte die israelische Regierung Arafat auf konsequenter gegen die Terroristen vorzugehen, worauf die palästinensische Polizei mit zahlreichen Verhaftungen von islamischen Aktivisten reagierte, wobei es oftmals zu bewaffneten Auseinandersetzungen kam. Durch die medialen Auftritte der Selbstmordattentäter konnten Aktivisten des Islamischen Dschihad und der Hamas identifiziert werden, wodurch die Festnahme erleichtert wurde.[30] Ein Großteil der festgenommenen Aktivisten musste jedoch aus Mangel an Beweisen bereits nach kurzer Zeit wieder frei gelassen werden.[31]

Neben dem Konflikt zwischen palästinensischen Terrorgruppen und der israelischen Armee, beziehungsweise der israelischen Regierung, entwickelte sich ein innerpalästinensischer Konflikt zwischen dem palästinensischen Friedenslager, vertreten durch Arafat und seine Polizei, und den radikal-islamischen Terrorgruppen, worauf viele Beobachter des Konflikts einen „palästinensischen Bruderkrieg"[32] prophezeiten, der jedoch bis heute nicht Realität wurde.[33]

---

[25] Croitoru, Joseph: Der Märtyrer als Waffe. Die historischen Wurzeln des Selbstmordattentats. Carl Hanser Verlag München, Wien 2003, S.173
[26] Croitoru, Joseph: Der Märtyrer als Waffe. Die historischen Wurzeln des Selbstmordattentats. Carl Hanser Verlag München, Wien 2003, S.174
[27] Croitoru, Joseph: Der Märtyrer als Waffe. Die historischen Wurzeln des Selbstmordattentats. Carl Hanser Verlag München, Wien 2003, S.174
[28] Vgl. Croitoru, Joseph: Der Märtyrer als Waffe. Die historischen Wurzeln des Selbstmordattentats. Carl Hanser Verlag München, Wien 2003, S.178
[29] Vgl. Croitoru, Joseph: Der Märtyrer als Waffe. Die historischen Wurzeln des Selbstmordattentats. Carl Hanser Verlag München, Wien 2003, S.176
[30] Vgl. Croitoru, Joseph: Der Märtyrer als Waffe. Die historischen Wurzeln des Selbstmordattentats. Carl Hanser Verlag München, Wien 2003, S.179
[31] Vgl. Croitoru, Joseph: Der Märtyrer als Waffe. Die historischen Wurzeln des Selbstmordattentats. Carl Hanser Verlag München, Wien 2003, S.181f
[32] Croitoru, Joseph: Der Märtyrer als Waffe. Die historischen Wurzeln des Selbstmordattentats.

Trotz des sich zuspitzenden Konfliktes kam es immer wieder zu Waffenstillstandsvereinbarungen, die jedoch ebenso häufig wie sie getroffen auch wieder gebrochen wurden, da die islamischen Terrorgruppen nicht auf das Aufsehen erregende und äußerst medienwirksame Kampfmittel des Selbstmordattentats verzichten wollten.[34]

2.3 Der Friedensprozess gerät ins Stocken

Das Jahr 1994 war das Beste das der Friedensprozess erleben sollte. Der Abzug der israelischen Besatzungstruppen aus weiten Teilen des Gazastreifens und fast sämtlichen Städten der Westbank ließ die Hoffnungen der palästinensischen Bevölkerung auf Frieden anwachsen.[35]

Dennoch gelang es den Terrororganisationen ihr Ziel, den Friedensprozess zu blockieren, in weiten Teilen zu erreichen, hatten die zahlreichen Attentate in den folgenden zwei Jahren doch schließlich zur Folge, dass der Einfluss der Gegner des Osloer Friedensabkommens auf israelischer Seite an Gewicht gewann. Die palästinensische Bevölkerung war ebenfalls immer weniger davon überzeugt, dass der Friedenskurs in ihrem Sinne sei, was darauf zurück zuführen ist, dass der Friedensprozess bis zur Umsetzung des Oslo-II-Abkommens in den Jahren 1995 und 1996 für sie kaum etwas geändert hatte. Die nunmehr dreißig Jahre andauernde israelische Besatzung schaffte für den Großteil der palästinensischen Bevölkerung menschenunwürdige Lebensverhältnisse. Kollektivstrafen, wie beispielsweise die systematische Zerstörung der Häuser von Terroristen, die oftmals den wirtschaftlichen Ruin der ganzen Familie zur Folge hatten, willkürliche Verhaftungen ohne richterliche Vorführung die oft von schwerer Folter begleitet wurden, eine unzureichende medizinische Versorgung und viele weitere Faktoren nährten den Hass auf die Besatzungsmacht Israel, und ließen die Akzeptanz gegenüber den Terrorgruppen, und die von ihnen verübten Selbstmordattentate anwachsen. All dies schwächte den Einfluss der palästinensischen Friedensbefürworter, die in der eigenen Bevölkerung zunehmend an Unterstützung verloren.[36] Die Zustimmung in der

Carl Hanser Verlag München, Wien 2003, S.179
[33] Vgl. Croitoru, Joseph: Der Märtyrer als Waffe. Die historischen Wurzeln des Selbstmordattentats. Carl Hanser Verlag München, Wien 2003, S.179
[34] Vgl. Croitoru, Joseph: Der Märtyrer als Waffe. Die historischen Wurzeln des Selbstmordattentats. Carl Hanser Verlag München, Wien 2003, S.179f
[35] Vgl. Reuter, Christoph: Mein Leben ist eine Waffe. Selbstmordattentäter- Psychogramm eines Phänomens C. Bertelsmann Verlag München, 2002, S.161
[36] Vgl. Croitoru, Joseph: Der Märtyrer als Waffe. Die historischen Wurzeln des Selbstmordattentats.

palästinensischen Bevölkerung für das Friedensabkommen von Oslo sank zu dieser Zeit auf siebzehn Prozent, während jegliche Art von Gewaltanwendung, und damit vor allem das Selbstmordattentat von 57 Prozent der Palästinenser befürwortet wurde.[37]

Die israelische Regierung reagierte auf die Selbstmordattentate zunehmend mit der Liquidierung ranghoher Führungsmitglieder der palästinensischen Terrororganisationen, worauf die Terroristen wiederum mit weiteren Selbstmordattentaten antworteten, um die Ermordung des jeweiligen Terrorführers zu rächen. Dieser Kreislauf der „Vergeltung für die Vergeltung der Vergeltung"[38], der in den 95'er Jahren durch die Zunahme der Attentate in Gang gesetzt wurde, ließ die Aussichten auf einen baldigen Frieden in weite Ferne rücken.[39]

Als dann im Mai 1996, wenige Wochen vor den Wahlen in Israel, innerhalb von acht Tagen vier Selbstmordattentate verübt wurden, die zahlreiche Todesopfer forderten, kippte auch die Stimmung der israelischen Bevölkerung, die bis dahin mehrheitlich den Friedenskurs befürwortet hatten, schlagartig um. Die Tatsache, dass die ersten Anschläge der zweiten Welle der palästinensischen Selbstmordattentate nach fünfzehnjähriger Pause oftmals in zeitlicher Nähe zu israelischen Gedenktagen stattfanden, ließ die Gemüter auf israelischer Seite schließlich hoch kochen.[40]

Das Motiv der palästinensischen Terroristen für dieses Vorgehen (der zeitlichen Nähe der Anschläge zu nationalen Gedenktagen) war der Versuch, die Anschläge mit dem „kollektive(n) Gedächtnis Israels"[41], das nach Joseph Croitoru durch existentielle Bedrohung und Verfolgung geprägt ist, zu verschmelzen. Der Erfolg dieses Vorhabens wurde durch gewalttätige Demonstrationen jüdisch-religiöser Gegner des angestrebten Friedensabkommens mit den Palästinensern, bei denen sie die Terroristen und den „mittlerweile friedenswilligen PLO-Chef Arafat als Nazis"[42] betitelten, deutlich.[43]

Carl Hanser Verlag München, Wien 2003, S.182f
[37] Vgl. Reuter, Christoph: Mein Leben ist eine Waffe. Selbstmordattentäter- Psychogramm eines Phänomens C. Bertelsmann Verlag München 2002, S.161
[38] Reuter, Christoph: Mein Leben ist eine Waffe. Selbstmordattentäter- Psychogramm eines Phänomens C. Bertelsmann Verlag München 2002, S.176f
[39] Vgl. Reuter, Christoph: Mein Leben ist eine Waffe. Selbstmordattentäter- Psychogramm eines Phänomens C. Bertelsmann Verlag München 2002, S.176f
[40] Vgl. Croitoru, Joseph: Der Märtyrer als Waffe. Die historischen Wurzeln des Selbstmordattentats. Carl Hanser Verlag München, Wien 2003, S.173
[41] Croitoru, Joseph: Der Märtyrer als Waffe. Die historischen Wurzeln des Selbstmordattentats. Carl Hanser Verlag München, Wien 2003, S.176
[42] Croitoru, Joseph: Der Märtyrer als Waffe. Die historischen Wurzeln des Selbstmordattentats. Carl Hanser Verlag München, Wien 2003, S.176
[43] Vgl. Croitoru, Joseph: Der Märtyrer als Waffe. Die historischen Wurzeln des Selbstmordattentats. Carl Hanser Verlag München, Wien 2003, S.176

Mit jedem neuen Selbstmordattentat schwand das Verständnis für die jeweils andere Seite. Die palästinensische, sowie die israelische Bevölkerung verloren nachhaltig ihr Vertrauen in die Friedensverhandlungen, und auf beiden Seiten wurden die Aufrufe zu Gegenmaßnahmen immer lauter.

Hinzuzufügen ist, dass auch die extremen israelischen Siedler mit ihrer Politik der Friedensverweigerung Erfolg hatten. Die Ausdehnung der israelischen Siedlungen und erniedrigende Kontrollen, denen die Palästinenser ausgesetzt wurden, sowie die Zerstörung von Ölbäumen (neben einer der Haupteinnahmequellen auch ein tief verwurzeltes nationales Symbol der Palästinenser) steigerte die Wut der Palästinenser ins Unermessliche.

Spätestens nach der Ermordung des ersten Regierungschefs -Itzhak Rabins- durch den jungen israelischen Extremisten Yigal Amir am 4.November 1995 bei einer Kundgebung, auf der er den Frieden propagierte, erloschen alle Hoffnungen auf einen dauerhaften Frieden im Nahenosten. [44]

2.4 Die Al-Aqsa-Intifada

Der Besuch Ariel Scharons auf dem Tempelberg in Jerusalem am 28. September 2000 wurde von den Palästinensern als Provokation empfunden, und wird als wesentlicher Auslöser für die erneute Eskalation der Gewalt zwischen Israelis und Palästinensern betrachtet. Die Gründe für den Ausbruch dieser zweiten Intifada, der so genannten Al-Aqsa-Intifada, werden jedoch von Israel und Palästina sehr unterschiedlich dargestellt. Ursächlich für den Ausbruch aus palästinensischer Sicht war neben Scharons Besuch auf dem Tempelberg das Scheitern der Verhandlungen zwischen Ehud Barak und Jassir Arafat von Camp David II.

Mit dem Ausbruch der Al-Aqsa-Intifada erreichte der palästinensische Widerstand eine neue Qualität. Die fast zweijährige Pause des Terrors wurde am 26. Oktober 2000 durch einen Selbstmordanschlag, bei dem zahlreiche israelische Zivilisten ums Leben kamen, unterbrochen, und die Waffe des Selbstmordattentats kam in den folgenden vier Jahren öfter und flächendeckender zum Einsatz als je zuvor. [45]

Der damalige Vorsitzende des oppositionellen Likud-Blocks Ariel Scharon, der für die Massaker von Sabra und Schatila mitverantwortlich gemacht wurde, nutzte die Umstände zu

[44] Vgl. Croitoru, Joseph: Der Märtyrer als Waffe. Die historischen Wurzeln des Selbstmordattentats. Carl Hanser Verlag München, Wien 2003, S.183f
[45] Vgl. Croitoru, Joseph: Der Märtyrer als Waffe. Die historischen Wurzeln des Selbstmordattentats. Carl Hanser Verlag München, Wien 2003, S.198

seinen Gunsten aus, und übernahm Anfang 2001, kurze Zeit nach dem Ausbruch des zweiten palästinensischen Volksaufstandes, das Amt des israelischen Ministerpräsidenten, worauf sich der Konflikt weiter zuspitzte.[46]

Während die Hamas und der Islamische Dschihad, die von Anfang Oktober 2000 bis Anfang Oktober 2001 dreiundzwanzig Attentate verübt hatten, sich zunehmender Popularität in der eigenen Bevölkerung erfreuten, verloren Arafat und die von ihm gegründete Fatah-Bewegung (PLO)[47] an Zuspruch. Folge dessen sah sich die Al-Fatah, und ihr damaliger (interner) Führer Marwan Barguti, gezwungen ihren Führungsanspruch unter Beweis zu stellen, und stieg in den „blutigen Wettkampf"[48] des Terrors ein, indem sie die „Brigaden der Al-Aqsa-Märtyrer"[49] ins Leben riefen, die bereits kurz nach ihrer Entstehung die Liste der Selbstmordattentate anführten. Der Name dieses Selbstmord-Kommandos wurde nach der Al-Aqsa-Intifada benannt, und soll die eigens zugesprochene Führungsposition der Brigaden im palästinensischen Volksaufstand betonen. Um zu demonstrieren, dass die Al-Fatah und ihre Brigaden über mehr Rückhalt in der Bevölkerung verfügten, und ihr damit die Führung des Aufstandes zukomme, setzte sie unter anderem die ersten Selbstmordattentäterinnen ein.

Die Attentate seit dem Ausbruch der zweiten Intifada unterscheiden sich in ihrer Art jedoch kaum von denen der 1990'er Jahre. Die Ziele der Selbstmordattentate sind nach wie vor oftmals Busse und Haltestellen, oder andere belebte Orte, an denen die Attentäter ihre Kofferbomben oder Sprengstoffgürtel detonieren lassen.

Neben der Entstehung der Al-Aqsa-Intifada traten in den ersten Monaten der Intifada kleinere Gruppen in Erscheinung, die als relativ unabhängige Mitglieder der Fatah-Organisation gelten. Die ‚Brigade der Rückkehr' und die ‚Saladin Brigaden' sind die bekanntesten dieser Splittergruppen, haben aber im Konkurrenzkampf der palästinensischen Terrorgruppen kaum Relevanz.[50]

Durch die anwachsende Zahl der Selbstmordattentate reagierte die israelische Regierung wie bereits in den 1990'er Jahren zunehmend mit der Liquidierung von ranghohen Mitgliedern der

---

[46] Wikipedia- Die freie Enzyklopädie: Israelisch-palästinensischer Konflikt, online im Internet
<http://de.wikipedia.org/wiki/Israelisch-pal%C3%A4stinensischer_Konflikt>2005 (zugegriffen am 2.03.2005)
[47] Im Jahr 1959 von Arafat gegründet. Die ‚Al-Fatah' entwickelte sich schnell zur größten politischen palästinensischen Bewegung, die sich ausschließlich der ‚Befreiung Palästinas' widmete.
[48] Croitoru, Joseph: Der Märtyrer als Waffe. Die historischen Wurzeln des Selbstmordattentats. Carl Hanser Verlag München, Wien 2003, S.199
[49] Croitoru, Joseph: Der Märtyrer als Waffe. Die historischen Wurzeln des Selbstmordattentats. Carl Hanser Verlag München, Wien 2003, S.199

[50] Vgl. Anti-Defamation Forum: Al-Aqsa-Brigaden- Bewaffnete Mitglieder von Jassir Arafats Fatah-Bewegung, online im Internet
<http://www.adf-berlin.de/html_docs/organisationen/alaksabrigaden.html> Januar 2002 (zugegriffen am 27.02.2005)

Terrororganisationen, und der Errichtung eines Sperrzauns im Jahr 2003, der das Vordringen palästinensischer Selbstmordattentäter auf israelisches Gebiet verhindern sollte.

In den Jahren 2000 bis 2003 intensivierte sich der Konflikt stetig und erreichte durch die Politik der gezielten Tötung von „Feinden des Staates Israel"[51] im Jahr 2004 seinen Höhepunkt. Am 22. März wurde der Führer und Gründer der Hamas-Bewegung, Ahmed Jassin, , und bereits einen Monat später auch der ‚Generalkommandant' der Hamas, Abd al-Aziz al-Rantisi, durch gezielte Angriffe der israelischen Armee ermordet, worauf die Hamas mit weiteren Selbstmordattentaten reagierte. Der Tod Arafats im November 2004 bot den Terrororganisationen, die davon überzeugt waren, dass Arafat durch den israelischen Geheimdienst Mossad vergiftet wurde, erneut Anlass zu Gewalt in Form von Selbstmordattentaten. [52]

In den letzten Jahren schien ein Ende der Gewalt im Nahen Osten fern zu sein. Nach Angaben der Menschenrechtsorganisationen sind seit Beginn der Al-Aqsa-Intifada 2100 Palästinenser und 770 Israelis, der Großteil durch Selbstmordattentate, ums Leben gekommen. [53]

Entgegen aller negativen Prognosen kam es Anfang dieses Jahres schließlich doch zu einer Entspannung der Lage im Nahen Osten, und ein Ende der Gewalt rückte für viele Friedensbefürworter wieder in greifbare Nähe. Israel und die palästinensische Autonomiebehörde einigten sich auf einen 30-tägigen Waffenstillstand, der am 8. Februar 2005 bei dem Treffen des israelischen Ministerpräsidenten Ariel Scharon und dem Nachfolger Jassir Arafats, Mahmud Abbas, offiziell verkündet wurde, nachdem der Anfang des Jahres gewählte Ministerpräsident angeblich eine Zusage der palästinensischen Terrorgruppen zum geplanten Waffenstillstand erhalten habe. Auch die USA kündigten in diesen Tagen eine Verstärkung ihres Engagements für den Friedensprozess an. [54]

Jedoch schränkten die Hamas, Islamischer Dschihad und die Al-Aqsa-Brigaden ihre Zusage kurz nach der Verkündung des Waffenstillstandes ein, und erklärten sich nunmehr ausschließlich zu einer Ruhephase bereit. Diese werde nur dann eingehalten, wenn Israel seine Militäreinsätze in den besetzten Gebieten unterbinde, und die Zusage für die von ihnen angestrebte Rolle in der Palästinenser-Regierung beibehalten und realisiert werde. Die

---

[51] Wikipedia- Die freie Enzyklopädie: Israelisch-palästinensischer Konflikt, online im Internet
<http://de.wikipedia.org/wiki/Israelisch-pal%C3%A4stinensischer_Konflikt>2005 (zugegriffen am 2.03.2005)
[52] Vgl. Wikipedia- Die freie Enzyklopädie: Israelisch-palästinensischer Konflikt, online im Internet
<http://de.wikipedia.org/wiki/Israelisch-pal%C3%A4stinensischer_Konflikt>2005 (zugegriffen am 2.03.2005)
[53] Landeszentrale für politische Bildung, Baden-Württemberg: Der Nahost-Konflikt, online im Internet
<http://www.lpb.bwue.de/aktuell/nahost.htm> 2005 (zugegriffen am 2.03.2005)
[54] Vgl. Financial Times: Israel und Palästinenser vereinbaren Waffenstillstand, online im Internet
<http://www.ftd.de/pw/in/1107770934075.html > Februar 2005 (zugegriffen am 1.03.2005), S.1

israelische Regierung gab bekannt, dass die Militäreinsätze reduziert werden, wenn die palästinensischen Organisationen ihre Anschläge vollständig einstellen.[55]

Am 26. Februar verübte ein 21-jähriger Palästinenser das erste Selbstmordattentat seit der Verkündung des Waffenstillstandes und erschütterte die Hoffnung auf Frieden. Sprecher der Hamas, des Islamischen Dschihad und der Al-Aqsa-Brigaden bekräftigten jedoch, dass sie mit dem Anschlag nicht in Verbindung stehen.[56]

3. Märtyrerkult- Kult des Todes

3.1 Selbstmörder oder Märtyrer ?

Es hat nur eine Generation des unerklärten Krieges gebraucht, um eine Gesellschaft hervor zubringen, die ihre Selbstmordattentäter als Heilige und Märtyrer feiert, und sich dem Tod mehr verbunden fühlt als dem Leben.

Die palästinensische Gesellschaft ist in ihrem Wesen sehr traditionell und religiös. Der islamische Glauben untersagt den Selbstmord, der als Sünde und „Tat wider Gottes Gebote"[57] gilt, und gesteht dem Individualismus, der dieser Tat zweifelsohne zu Grunde liegt, wenig Raum zu.[58] Und dennoch etablierte und legitimierte sich das Selbstmordattentat in kürzester Zeit in weiten Teilen der palästinensischen Gesellschaft als einzig ‚wirksames' Mittel,[59] das die Palästinenser der hoch überlegenen Militärmacht Israel ‚im Kampf gegen Unterdrückung und Erniedrigung' entgegenzusetzen haben, und als Symbol dafür, dass sie sich nicht unterwerfen lassen wollen.[60]

In den Augen vieler Palästinenser, die sich den Zielen der radikalen Terrorgruppen verbunden fühlen, ist schon der Begriff ‚Selbstmordattentäter' falsch. Vielmehr sprechen sie, durch

---

[55] Vgl. Spiegel On line: Hamas will von Waffenstillstand nicht Wissen, online im Internet <http://www.spiegel.de/politik/ausland/0,1518,338158,00.html> Januar 2005 (zugegriffen am 28.02.2005)
[56] Vgl. Spiegel Online: Unklarheit über die Hintermänner, online im Internet http://www.spiegel.de/politik/ausland/0,1518,343757,00.html> Februar 2005 (zugegriffen am 1.03.2005), S.1
[57] Reuter, Christoph: Mein Leben ist eine Waffe. Selbstmordattentäter- Psychogramm eines Phänomens C. Bertelsmann Verlag München 2002, S.142
[58] Vgl. Reuter, Christoph: Mein Leben ist eine Waffe. Selbstmordattentäter- Psychogramm eines Phänomens C. Bertelsmann Verlag München 2002, S.184
[59] Vgl. Reuter, Christoph: Mein Leben ist eine Waffe. Selbstmordattentäter- Psychogramm eines Phänomens C. Bertelsmann Verlag München 2002, S.142
[60] Vgl. Reuter, Christoph: Mein Leben ist eine Waffe. Selbstmordattentäter- Psychogramm eines Phänomens C. Bertelsmann Verlag München 2002, S.192

religiöse Propaganda aufgestachelt, von „heilige(n) Explosionen"[61], die durch nichts und niemanden zu stoppen seien.[62] Der ‚Erfolg' der Attentate, der sich in einer Statistik wiederspiegelt, nach der 54 von 72 Selbstmordattentätern, die in der Zeit zwischen September 2000 und Anfang 2002 ihre ‚Mission' antraten, ihr Ziel erreichten, scheint ihnen Recht zu geben.[63]

Ein Mensch der sich selbst tötet, tue dies aus Verzweiflung und vor allem aus mangelndem Respekt vor dem eigenen Leben. Dieser Zustand resultiere aus Unglauben und habe mit dem Märtyrertod nichts zu tun, propagiert ein Mitglied der Hamas.[64] Vielmehr stelle der Märtyrertod und der Selbstmord einen absoluten Gegensatz dar, tötet sich der Märtyrer doch „für den Glauben, für Allah und den Sieg über die Ungläubigen",[65] und darüber hinaus für das gesamte palästinensische Volk, das durch sein Vorbild aufgerufen werde zu folgen und sich am Kampf zu beteiligen.[66]

3.2 Popstars der islamischen Welt

Die Erhebung des Selbstmordattentäters auf den Status eines Märtyrers ist wohl nur in einem gesellschaftlichen Kontext möglich, der diese Tat als einen Akt der Selbstaufopferung für Glauben und Gesellschaft anerkennt und sogar fördert. Dieser Kontext ist als Folge einer scheinbar endlosen Spirale von Gewalt und Gegengewalt gegeben, und ließ den Selbstmordattentäter zu einer Art „Popstar"[67] der islamischen Welt avancieren, dem hohe

---

[61] Reuter, Christoph: Mein Leben ist eine Waffe. Selbstmordattentäter- Psychogramm eines Phänomens
C. Bertelsmann Verlag München, 2002, S.141
[62] Vgl. Reuter, Christoph: Mein Leben ist eine Waffe. Selbstmordattentäter- Psychogramm eines Phänomens
C. Bertelsmann Verlag München, 2002, S.141
[63] Vgl. Reuter, Christoph: Mein Leben ist eine Waffe. Selbstmordattentäter- Psychogramm eines Phänomens
C. Bertelsmann Verlag München, 2002, S.234
[64] Vgl. Reuter, Christoph: Mein Leben ist eine Waffe. Selbstmordattentäter- Psychogramm eines Phänomens
C. Bertelsmann Verlag München, 2002, S.143
[65] Dr. Kümmel, Gerhard: Das Lächeln der Freude. Selbstmord-Attentate als Selbstopfer, online im Internet
<http://www.ifdt.de/0401/Artikel/kuemmel.htm>, März 2004 (zugegriffen am 10.02.2005), S.4
[66] Vgl. Dr. Kümmel, Gerhard: Das Lächeln der Freude. Selbstmord -Attentate als Selbstopfer, online im Internet
<http://www.ifdt.de/0401/Artikel/kuemmel.htm>, März 2004 (zugegriffen am 10.02.2005), S.4
[67] Reuter, Christoph: Mein Leben ist eine Waffe. Selbstmordattentäter- Psychogramm eines Phänomens
C. Bertelsmann Verlag München, 2002, S.179

gesellschaftliche Anerkennung entgegengebracht wird, auch wenn der Täter selbst diese Wertschätzung nicht mehr erfährt.[68]

Unverzüglich nach der Tat werden Plakate mit seinem Namen, seinem Bild und einem Text der sein Heldentum preist, angefertigt und kleben bereits vor Anbruch des nächsten Tages an den Mauern seines Heimatdorfes.[69] Seine Tat wird zum Gesprächsthema in Moscheen und wird in Graffitis, die von jungen, dem Märtyrerkult huldigenden, Palästinensern angefertigt werden, bildlich dargestellt. Die Organisation, in deren Auftrag der Selbstmordattentäter die Tod bringende Mission erfüllt hat, verteilt Videos in denen er sein Testament und die Motive für seine Tat (Freiheit für Palästina, das Paradies und ‚Gottes Wille') vorliest. Oft werden die Abschiedsvideos mit Fernsehbildern des Tatortes ergänzt, und mit „Märtyrersongs"[70] unterlegt.[71]

Das Internet hat sich mittlerweile als wichtiges Medium für die palästinensischen Terrororganisationen entwickelt, die auf ihren Websites die Geschichte und Ideologie ihrer Organisation darstellen, die eigenen Selbstmordattentate dokumentieren und die verantwortlichen ‚Märtyrer' vorstellen. Auch Auszüge aus Testamenten der Attentäter und Abschiedsfotos, sowie Stellungnahmen von Familienangehörigen werden dort präsentiert.[72]

Um dem Märtyrertum einen weiteren Anreiz zu verleihen, und dadurch weitere Anwärter zu gewinnen, stellen die verantwortlichen Organisationen die Kosten für die Totenfeier und die Beerdigung, und zahlen zusätzlich einen Betrag von drei- bis fünftausend Dollar an die Familie des Täters.[73] Die Gewissheit des Attentäters, dass seine Familie infolge seiner Tat nicht nur mit gestiegenem sozialen Ansehen und der Aussicht auf das Paradies belohnt wird, sondern auch materiell relativ gut versorgt ist, erleichtert ihm wohl auf den Knopf zu drücken, der die Explosion auslöst.[74]

---

[68] Vgl. Dr. Kümmel, Gerhard: Das Lächeln der Freude. Selbstmord -Attentate als Selbstopfer, online im Internet <http://www.ifdt.de/0401/Artikel/kuemmel.htm>, März 2004 (zugegriffen am 10.02.2005), S.4
[69] Vgl. Reuter, Christoph: Mein Leben ist eine Waffe. Selbstmordattentäter- Psychogramm eines Phänomens C. Bertelsmann Verlag München, 2002, S.197
[70] Reuter, Christoph: Mein Leben ist eine Waffe. Selbstmordattentäter- Psychogramm eines Phänomens C. Bertelsmann Verlag München, 2002, S.143
[71] Vgl. Reuter, Christoph: Mein Leben ist eine Waffe. Selbstmordattentäter- Psychogramm eines Phänomens C. Bertelsmann Verlag München, 2002, S.143
[72] Vgl. Croitoru, Joseph: Der Märtyrer als Waffe. Die historischen Wurzeln des Selbstmordattentats. Carl Hanser Verlag München, Wien 2003, S.200
[73] Vgl. Reuter, Christoph: Mein Leben ist eine Waffe. Selbstmordattentäter- Psychogramm eines Phänomens C. Bertelsmann Verlag München, 2002, S.143
[74] Vgl. Dr. Kümmel, Gerhard: Das Lächeln der Freude. Selbstmord -Attentate als Selbstopfer, online im Internet <http://www.ifdt.de/0401/Artikel/kuemmel.htm>, März 2004 (zugegriffen am 10.02.2005), S.5

Der Ruhm und die Ehre den ein Märtyrer, und mit ihm seine Familie, nach seiner Tat erfährt, hat schließlich dazu geführt, dass Palästinenser auch Familienangehörige, die durch einen Unfall ums Leben gekommen sind, oder aus ‚Versehen' von israelischen Soldaten erschossen wurden, nach ihrem Ableben zu Märtyrern erklärt werden. Ein palästinensischer Schreiner, der bei seiner Arbeit auf einer Baustelle in Nähe der Kampfzone in Ramallah nördlich der Moschee von israelischen Soldaten erschossen wurde, da sie die Bohrmaschine in seiner Hand für eine Waffe hielten, kann hier als Beispiel angeführt werden. Er wurde als Märtyrer zu Grabe getragen.[75]

Der Familie eines Selbstmordattentäters wird nach Ausübung der Tat nicht das Beileid zum Tod des Sohnes ausgesprochen, sondern vielmehr gratuliert, zur Ehre einen Märtyrer in der Familie zu haben. In diesem Zusammenhang beschreibt Reuter, dass es heute zur Pflicht geworden ist für den Märtyrer in der Familie Stolz zu empfinden. Die Trauer, die durch den Verlust des Sohnes oder des Bruders (etc.) hervorgerufen wird, hat in dieser Gesellschaft kaum noch Platz und muss unterdrückt werden, sowie die Frage ob es nicht doch ein sinnloser Tod gewesen ist.[76]

Auch wenn die betroffenen Familien gezwungen sind den Sinn der Gewalt aufgrund des Verlustes eines engen Angehörigen zu überdenken, heißen im Jahr 2003 über 80 % der Palästinenser Selbstmordattentate gut, und etwa 15 % der palästinensischen Kinder zwischen 10 und 11 Jahren wollen als Märtyrer sterben.[77]

3.3 Rekrutierung und Vorbereitung der Selbstmordattentäter

Bereits in den 1980'er Jahren waren die palästinensischen Terrorgruppen bestrebt eine Alternativkultur zu schaffen, in der das islamische Märtyrertum ins Zentrum gerückt, und die religiöse Indoktrinierung der palästinensischen Jugend erleichtert werden sollte. So wurden beispielsweise Schulen nach Symbolfiguren der islamischen Geschichte benannt, und von den

---

[75] Vgl. Reuter, Christoph: Mein Leben ist eine Waffe. Selbstmordattentäter- Psychogramm eines Phänomens C. Bertelsmann Verlag München, 2002, S.192ff
[76] Vgl. Reuter, Christoph: Mein Leben ist eine Waffe. Selbstmordattentäter- Psychogramm eines Phänomens C. Bertelsmann Verlag München, 2002, S.219f
[77] Vgl. Croitoru, Joseph: Der Märtyrer als Waffe. Die historischen Wurzeln des Selbstmordattentats. Carl Hanser Verlag München, Wien 2003, S.207

einzelnen islamistischen Terrorgruppen Ferienlager für Kinder und Jugendliche errichtet, in denen die organisationseigenen Selbstmordattentäter „als Vorbilder vorgeführt wurden". [78] [79]

Die Rekrutierung von Selbstmordattentätern in größeren Zahlen war dennoch auch in den 90'er Jahren noch ein aufwendiges Unterfangen. Der Selektionsprozess begann schon sehr früh, wobei die Koranschulen eine wesentliche Rolle spielten. Dort wurden ein religiös-ideologisches Weltbild im Sinne eines radikalen Islams und ein dämonisiertes Feindbild vermittelt, und gleichzeitig jene jungen Palästinenser herausgefiltert, die den Terrorgruppen als geeignet erschienen. Die stark vor geprägten Koranschüler, kamen sie in die engere Wahl, wurden dann schrittweise für eine der zahlreichen Terrorgruppen rekrutiert. [80] In den Vorbereitungsgruppen für die Anschläge, die in einzelne Zellen unterteilt sind, und deren führenden Köpfe nur die Mitglieder der einzelnen Zellen kennen[81], nahm die religiös-ideologische Schulung, die dort weiter geführt wurde, oft den Charakter einer Gehirnwäsche an. [82]

Von den Terrorgruppen zu diesem Zeck rekrutierte islamische Religionsgelehrte gingen mit den jungen ‚Anwärtern' viele male Verse des Korans durch, die zu Gunsten der Opferbereitschaft interpretiert wurden, und damit Ehre und Wohlwollen Allahs für die Selbstaufopferung versprachen. Zudem wurde ein Platz in direkter Nähe zu Allah, umgeben von wunderschönen Jungfrauen in Aussicht gestellt. Des Weiteren wurde den ‚Anwärtern' in ausgedehntem Propagandaunterricht indoktriniert, dass Israel kein Existenzrecht habe und das Land den Palästinensern gehöre. In einer auf die Manipulation der nun opferbereiten, meist jungen Palästinenser folgenden Phase wurden sie einer Reihe von Mutproben unterzogen, um die Gehorsamsbereitschaft und nervliche Belastungsfähigkeit, die für die Ausübung eines Selbstmordattentats notwendig erscheint, zu testen. Das Schmuggeln von Waffen durch israelische Sicherheitskontrollen war eine der gängigsten Arten dieser Mutproben. [83]

---

[78] Croitoru, Joseph: Der Märtyrer als Waffe. Die historischen Wurzeln des Selbstmordattentats.
Carl Hanser Verlag München, Wien 2003, S.191
[79] Vgl. Croitoru, Joseph: Der Märtyrer als Waffe. Die historischen Wurzeln des Selbstmordattentats.
Carl Hanser Verlag München, Wien 2003, S.191
[80] Vgl. Dr. Kümmel, Gerhard: Das Lächeln der Freude. Selbstmord -Attentate als Selbstopfer, online im Internet
<http://www.ifdt.de/0401/Artikel/kuemmel.htm>, März 2004 (zugegriffen am 10.02.2005), S.6f
[81] Vgl. Reuter, Christoph: Mein Leben ist eine Waffe. Selbstmordattentäter- Psychogramm eines Phänomens
C. Bertelsmann Verlag München, 2002, S.143
[82] Vgl. Dr. Kümmel, Gerhard: Das Lächeln der Freude. Selbstmord -Attentate als Selbstopfer, online im Internet
<http://www.ifdt.de/0401/Artikel/kuemmel.htm>, März 2004 (zugegriffen am 10.02.2005), S.6f
[83] Vgl. P. M (genaue Angaben zum Autor nicht verfügbar):
Mit TNT in den Märtyrertod, online im Internet
<http://www.secumag.de/Berichte/Bericht-Terror/hauptteil_ bericht-terror.html>, Februar 2003 (zugegriffen am12.02.2005), S.7f

In der letzten Phase wurden die angehenden Attentäter zur Vorbereitung auf das Selbstmordattentat physisch und mental von ihrer Familie und ihren Freunden isoliert, die bis zum Tag des Attentats nichts von der tödlichen Mission ihres Angehörigen erfahren haben. [84]

Im Zuge der Al-Aqsa-Intifada scheint eine Veränderung der Rekrutierungs- und Vorbereitungsbedingungen eingetreten zu sein, auch wenn viele Elmente der beschriebenen Prozesse erhalten blieben. [85] Die Tage vor dem Anschlag sieht sich der Attentäter nach wie vor die Videos seiner Vorgänger und sein eigenes wiederholt an, um mit dem was er tun wird vertraut zu werden, und jeglichen Rest von Furcht zu verlieren. Die letzte Nacht verbringt er betend, zieht sich dann am Morgen des ‚großen Tages' frische Kleidung an, vollzieht ein letztes mal die rituelle Waschung wie vor dem Gebet, und nimmt am gemeinsamen Gebet in der Moschee teil, in dem er Allah um die Vergebung seiner Sünden bittet. Dann macht er sich, bestückt mit einer Ausgabe des Korans und der Bombe auf den Weg. [86]

Die Rekrutierung und Ausbildung der Selbstmordattentäter ist jedoch insgesamt parallel zum Zuwachs der Bereitschaft junger Palästinenser weniger zeitaufwendig und kostengünstiger geworden. Die Erfahrung des Verlustes von Familienmitgliedern oder Freunden, und die damit verbundene unmittelbare persönliche Konflikt-Betroffenheit wurden zu allgemeinen Erfahrungen der Gesellschaft und begünstigen heute die Rekrutierung und Vorbereitung der Attentäter. [87]

„Früher dauerte es lange, einen Märtyrer vorzubereiten, heute geht es schneller, je hoffnungsloser die Lage werde, je mehr den Weg schon gegangen sind, desto schneller sind die nächsten bereit"[88] erzählt ein Mitglied der Hamas, und deutet damit auch auf die nun niedrigeren Kosten einer „menschliche(n) Bombe"[89] hin, ein nicht unwesentlicher Faktor der die Effektivität und Attraktivität dieser Waffe ausmacht. Erforderlich für den Bau der Bombe sind lediglich Nägel, eine Batterie, Sprengstoff, ein kurzes Kabel, ein paar Chemikalien und

---

[84] Vgl. P. M (genaue Angaben zum Autor nicht verfügbar):
Mit TNT in den Märtyrertod, online im Internet
<http://www.secumag.de/Berichte/Bericht-Terror/hauptteil_bericht-terror.html>, Februar 2003 (zugegriffen am12.02.2005), S.7f
[85] Vgl. Dr. Kümmel, Gerhard: Das Lächeln der Freude. Selbstmord -Attentate als Selbstopfer, online im Internet
<http://www.ifdt.de/0401/Artikel/kuemmel.htm>, März 2004 (zugegriffen am 10.02.2005), S.7f
[86] Vgl. Reuter, Christoph: Mein Leben ist eine Waffe. Selbstmordattentäter- Psychogramm eines Phänomens
C. Bertelsmann Verlag München, 2002, S.143
[87] Vgl. Dr. Kümmel, Gerhard: Das Lächeln der Freude. Selbstmord -Attentate als Selbstopfer, online im Internet
<http://www.ifdt.de/0401/Artikel/kuemmel.htm>, März 2004 (zugegriffen am 10.02.2005), S.8
[88] Reuter, Christoph: Mein Leben ist eine Waffe. Selbstmordattentäter- Psychogramm eines Phänomens
C. Bertelsmann Verlag München, 2002, S.142
[89] Reuter, Christoph: Mein Leben ist eine Waffe. Selbstmordattentäter- Psychogramm eines Phänomens
C. Bertelsmann Verlag München, 2002, S.142

ein Schalter. Das teuerste sei noch, so das Hamas Mitglied, die Taxifahrt in eine der entfernten israelischen Städte.[90]

3.4 Ursachen für das Phänomen Selbstmordattentat

Die Annahme, dass wirtschaftliche Not den militanten Islam, und damit den Selbstmordattentäter hervorbringe, wird von vielen Experten aus der Politik und sogar von einigen Islamisten selbst vertreten. Diese argumentieren, dass „die Wurzeln des islamischen Radikalismus außerhalb der Religion gesucht werden müssen"[91], und verweisen damit auf Armut, kulturelle Verzweiflung und politische Unterdrückung. Dieser Zustand sei es, der die Menschen dazu bewege ins Übernatürliche zu flüchten, so die Verfechter dieser These, die auch bei westlichen Politikern großen Anklang findet.[92]

Die praktische Konsequenz dieser These war die Milliarden hohe finanzielle Unterstützung der palästinensischen Behörden durch westliche Länder vor dem Osloer Abkommen 1993, mit dem Ziel den Lebensstandard der Palästinenser zu verbessern, um damit die Popularität der Terrorgruppen, vor allem der Hamas und des Islamischen Dschihad, zu verringern und zugleich das Interesse am Friedensprozess zu steigern. Doch brachten die Investitionen nicht den gewünschten Erfolg, und der Westen und Israel mussten feststellen, dass für die palästinensische Bevölkerung die Frage nach Identität und Macht stärker zählten als Wohlstand.[93]

Zahlreiche Untersuchungen konnten den Zusammenhang zwischen wirtschaftlicher Not und militantem Islam nur teilweise belegen.

---

[90] Vgl. Reuter, Christoph: Mein Leben ist eine Waffe. Selbstmordattentäter- Psychogramm eines Phänomens C. Bertelsmann Verlag München, 2002, S.142f
[91] Pipes, Daniel (aus dem Englischen von Herzinger, Richard): Imame in Nadelstreifen, aus ‚Die Zeit' <http://de.danielpipes.org/article/397>, Juni 2002 (zugegriffen am 10.02.2005), S.1
[92] Vgl. Pipes, Daniel (aus dem Englischen von Herzinger, Richard): Imame in Nadelstreifen, aus ‚Die Zeit' <http://de.danielpipes.org/article/397>, Juni 2002 (zugegriffen am 10.02.2005), S.1
[93] Vgl. Pipes, Daniel (aus dem Englischen von Herzinger, Richard): Imame in Nadelstreifen, aus ‚Die Zeit' <http://de.danielpipes.org/article/397>, Juni 2002 (zugegriffen am 10.02.2005), S.3

Die Tatsache, dass ein nicht geringer Teil der Mitglieder terroristischer Gruppen aus der Mittelschicht, oder der unteren Mittelklasse stammt, und in intakten Familien aufwuchs, stellt eines der wesentlichen Argumente dar, die gegen diesen Zusammenhang sprechen. Oft verfügen sie über eine wissenschaftliche oder technische Hochschulausbildung, sind mobil und leistungsfähig. Auch viele der Selbstmordattentäter passen in dieses „Schema von finanzieller Sorglosigkeit und gehobener Ausbildung."[94] Vielmehr scheint es, dass Armut die Unterstützung der Bevölkerung für den militanten Islam und seine Selbstmordattentäter fördere, diese aber nicht hervorbringe.[95]

Als ein „Instrument von Gegeneliten"[96] beschreibt Martin Kramer, der Herausgeber des ‚Middle East Quaterly', den militanten Islam. Die Täter seien potentielle Mitglieder der Elite, hegen dennoch einen Groll gegen sie, da sie aus verschiedenen Gründen von ihr ausgeschlossen worden seien. Für diese ‚Gegeneliten' stellen die Terrororganisationen eine Möglichkeit dar, eine Identität zu entwickeln und Anerkennung zu erlangen, indem sie Anhänger unter den Armen sammeln, die dann als nützliches „Fußvolk"[97] fungieren.[98]

Joseph Croitoru, Verfasser des Buches „Der Märtyrer als Waffe: Die historischen Wurzeln des Selbstmordattentats", sieht im religiösen Hintergrund der Täter einen der wesentlichen Faktoren, die einen Menschen zu einer solchen Tat veranlassen können. Er stützt sich auf eine im Jahr 2002 an der Haifa Universität durchgeführte Studie, nach der etwa 80% der Selbstmordattentäter eine religiöse Schule besucht hatten, während es bei den Tätern die ‚nur' Terroranschläge verübten, also nicht ihr eigenes Leben opferten, nur 36 % waren.[99]

Jedoch können diese und weitere einleuchtende Umstände, wie Erfahrungen des Verlustes enger Familienangehöriger und am eigenen Leib erlittene Folter, die jemanden zu solch einer Tat bewegen können, keine zuverlässigen Prognosen über zukünftige Täter liefern. So zahlreich die Ansätze zur Erklärung des Phänomens sind, je intensiver die Anstrengungen

---

[94] Pipes, Daniel (aus dem Englischen von Herzinger, Richard):
Imame in Nadelstreifen, aus ‚Die Zeit'
<http://de.danielpipes.org/article/397>, Juni 2002 (zugegriffen am 10.02.2005), S.2
[95] Vgl. Pipes, Daniel (aus dem Englischen von Herzinger, Richard):
Imame in Nadelstreifen, aus ‚Die Zeit'
<http://de.danielpipes.org/article/397>, Juni 2002 (zugegriffen am 10.02.2005), S.1
[96] Pipes, Daniel (aus dem Englischen von Herzinger, Richard):
Imame in Nadelstreifen, aus ‚Die Zeit'
<http://de.danielpipes.org/article/397>, Juni 2002 (zugegriffen am 10.02.2005), S.2
[97] Pipes, Daniel (aus dem Englischen von Herzinger, Richard):
Imame in Nadelstreifen, aus ‚Die Zeit'
<http://de.danielpipes.org/article/397>, Juni 2002 (zugegriffen am 10.02.2005), S.2
[98] Vgl. Pipes, Daniel (aus dem Englischen von Herzinger, Richard):
Imame in Nadelstreifen, aus ‚Die Zeit'
<http://de.danielpipes.org/article/397>, Juni 2002 (zugegriffen am 10.02.2005), S.2
[99] Vgl. Croitoru, Joseph: Der Märtyrer als Waffe. Die historischen Wurzeln des Selbstmordattentats.
Carl Hanser Verlag München, Wien 2003, S.207

sich dem Profil des „typischen Selbstmordattentäters" anzunähern, desto unüberschaubarer wird die Anzahl möglicher Motive. Schließlich drängt sich die Annahme auf, dass es das Profil des „typischen Selbstmordattentäters"[100] nicht gibt.[101]

In diesem Zusammenhang versteht der israelische Psychologe Ariel Merari, der sich seit den siebziger Jahren mit dem Selbstmord und dem Selbstmordattentat beschäftigt, die ‚Selbstmordkommandos' und ihre einzelnen Täter „in ihrer Zusammensetzung (als) ein Spiegelbild ihrer Gesellschaft."[102] In dieser Gesellschaft seien heute alle Schranken überwunden, was eine Beschreibung des potentiellen Selbstmordattentäters, in Hinblick auf seine persönliche Geschichte, sein soziales Umfeld und seine Glaubenswelt, unmöglich mache.

Dennoch stieß Ariel Merari während seiner Untersuchungen auf eine Parallele, die möglicherweise allen Attentätern gemeinsam ist. Die Anzahl der Selbstmordattentate stieg nicht in den Zeiten an, in denen es den Palästinensern besonders schlecht ging - sondern im Gegenteil- in Phasen des Konflikts, in denen ihre Situation sich verbesserte, „als aber ihre Erwartungen noch viel höher waren als deren (tatsächliche) Erfüllung."[103] Die Hoffnung der Palästinenser auf Freiheit, auf Rückgewinnung ‚ihres Staates' und damit ihres Stolzes nach dem Osloer Friedensabkommen, hervorgerufen durch den Abzug von israelischen Truppen aus palästinensisch besetzten Gebieten, wurde bitter enttäuscht. Es stellte sich heraus, dass Arafats Autonomiebehörde korrupt und undemokratisch handelt, und die israelischen Siedlungen sich weiter ausdehnen. Von der Hoffnung blieb nicht viel über, und eine Zunahme der Anschläge war die Folge.[104]

Ähnlich erklärt die französische Wissenschaftlerin Penelope Larzilliere die massive Zunahme der Selbstmordattentate seit dem Ausbruch der Al-Aqsa-Intifada. Die einzige Hoffnung die jungen enttäuschten Palästinensern geblieben sei, ist die auf eine Zukunft, die „sie selbst nicht mehr zu erleben glauben."[105]

„Indem der palästinensische Kampf in die Perspektive des siegreichen und tausendjährigen Dschihad integriert wird, wird es einerseits möglich, die Niederlage zu verleugnen.

---

[100] Reuter, Christoph: Mein Leben ist eine Waffe. Selbstmordattentäter- Psychogramm eines Phänomens C. Bertelsmann Verlag München, 2002, S.200
[101] Vgl. Reuter, Christoph: Mein Leben ist eine Waffe. Selbstmordattentäter- Psychogramm eines Phänomens C. Bertelsmann Verlag München, 2002, S.200ff
[102] Reuter, Christoph: Mein Leben ist eine Waffe. Selbstmordattentäter- Psychogramm eines Phänomens C. Bertelsmann Verlag München, 2002, S.202
[103] Reuter, Christoph: Mein Leben ist eine Waffe. Selbstmordattentäter- Psychogramm eines Phänomens C. Bertelsmann Verlag München, 2002, S.203
[104] Vgl. Reuter, Christoph: Mein Leben ist eine Waffe. Selbstmordattentäter- Psychogramm eines Phänomens C. Bertelsmann Verlag München, 2002, S.202ff
[105] Reuter, Christoph: Mein Leben ist eine Waffe. Selbstmordattentäter- Psychogramm eines Phänomens C. Bertelsmann Verlag München, 2002, S.204

Gleichzeitig verwandelt sich der junge ‚Märtyrer' von einem Opfer zu einem Helden. (…)
Die Zweifel an der Realisierung staatlicher Autonomie in nächster Zukunft machen es
nämlich unmöglich, die eigene persönliche Geschichte mit dem politischen Ziel in Einklang
zu bringen."[106] [107]

4. Fazit

Während des Verfassens dieses Aufsatzes bin ich zu der Ansicht gelangt, dass sich die
Einstellung der Palästinenser gegenüber den Selbstmordattentaten nur dann ändern kann,
wenn die politischen und die damit verbundenen sozialen Umstände, die diese Form des
gewalttätigen Widerstandes fördern, sich grundsätzlich verändern.
In den israelischen und oft auch in den internationalen Medien wird der Selbstmordattentäter
oft als ‚unmenschlich', nahezu als Monster dargestellt, was meiner Meinung nach den
Versuch darstellt sich einer genauen Auseinandersetzung mit dieser Problematik zu entziehen,
und sich damit den hohen politischen und sozialen Anforderungen, die eine Lösung dieses
Problems erfordern würde, nicht stellen zu müssen. Die Perspektive, aus dem ein
palästinensischer Selbstmordattentäter als ein eiskalter Mörder betrachtet wird, der
unschuldige Zivilisten tötet, ist für mich absolut nachvollziehbar. Dennoch wird diese
Anschauungsweise dem Menschen, der hinter der Tat steckt, nicht gerecht. Ich denke, dass er
nicht ausschließlich Täter, sondern auch zugleich als Opfer einer politischen Situation
begriffen werden sollte, für die keine der beiden Konfliktparteien bereit ist Verantwortung zu
übernehmen. Zudem ist der Selbstmordattentäter ein Opfer der palästinensischen
Terrororganisationen, denen es gelungen ist große Teile der palästinensischen Gesellschaft
(vor allem die junge Bevölkerung) durch religiöse Indoktrinierung zu manipulieren, dass
diese für die Ziele der Organisationen- Zerstörung des nahöstlichen Friedensprozesses und
Profilierung gegenüber anderen Organisationen- missbraucht werden können. [108]
Es gibt zahlreiche Antworten auf die Frage nach den richtigen Maßnahmen zur Bekämpfung
des Terrors und des Selbstmordattentats. Während die einen die Lösung in einer
Intensivierung der militärischen Maßnahmen sehen, plädieren andere für die Aufstockung von

---

[106] Reuter, Christoph: Mein Leben ist eine Waffe. Selbstmordattentäter- Psychogramm eines Phänomens
C. Bertelsmann Verlag München, 2002, S.204
[107] Vgl. Reuter, Christoph: Mein Leben ist eine Waffe. Selbstmordattentäter- Psychogramm eines Phänomens
C. Bertelsmann Verlag München, 2002, S.204

[108] Vgl. Croitoru, Joseph: Der Märtyrer als Waffe. Die historischen Wurzeln des Selbstmordattentats.
Carl Hanser Verlag München, Wien 2003, S.208

Entwicklungshilfe, um der sozioökonomischen Krise der Palästinenser entgegenzuwirken und dem Terror somit den Nährboden zu entziehen.

Jedoch hat sich gezeigt, dass eine Zunahme an militärischen Einsätzen der israelischen Armee nur einen Zuwachs an Gegengewalt erzeugt, und finanzielle Unterstützung ebenfalls nicht den gewünschten Erfolg bringt.[109] Auch die Verwestlichung von Palästina und weiterer arabischer Staaten scheint keine Lösung für den militanten Islam und die von ihm ausgehende Gewalt zu sein. Viele Experten auf diesem Gebiet glauben vielmehr, dass der Versuch diesen Staaten westliche Prinzipien aufzudrängen, die Abneigung gegenüber dem Westen fördere.[110]

Ich bin zu der Überzeugung gelangt, dass ein umfassenderes Verständnis für die Ursachen des Terrors und des Selbstmordattentats einer Lösung des Konflikts vorausgehen muss, und eine Kombination mehrerer Maßnahmen notwendig ist.

Da die politischen und militärischen Ziele der radikalen Terrororganisationen nicht auf eine Kompromissbereitschaft ausgelegt zu sein scheinen, werden jedoch meiner Ansicht nach all diese Maßnahmen den Terrorismus und die Selbstmordattentate in naher Zukunft nicht endgültig beseitigen können.

---

[109] Vgl. Dr. Kümmel, Gerhard: Das Lächeln der Freude. Selbstmord -Attentate als Selbstopfer, online im Internet <http://www.ifdt.de/0401/Artikel/kuemmel.htm>, März 2004 (zugegriffen am 10.02.2005), S.9f
[110] Vgl. Pipes, Daniel (aus dem Englischen von Herzinger, Richard):
Imame in Nadelstreifen, aus ‚Die Zeit'
<http://de.danielpipes.org/article/397>, Juni 2002 (zugegriffen am 10.02.2005), S.3

5. Literaturverzeichnis

Anti-Defamation Forum:
Al-Aqsa-Brigaden- Bewaffnete Mitglieder von Jassir Arafats Fatah-Bewegung, online im Internet
<http://www.adf-berlin.de/html docs/organisationen/alaksabrigaden.html>   Januar   2002 (zugegriffen am 27.02.2005)

Croitoru, Joseph:
Der Märtyrer als Waffe. Die historischen Wurzeln des Selbstmordattentats
Carl Hanser Verlag, München; Wien 2003

Dr. Kümmel, Gerhard:
Das Lächeln der Freude. Selbstmord-Attentate als Selbstopfer, online im Internet
<http://www.ifdt.de/0401/Artikel/kuemmel.htm>, Oktober 2004 (zugegriffen am 10.02.2005)

Financial Times:
Israel und Palästinenser vereinbaren Waffenstillstand, online im Internet
<http://www.ftd.de/pw/in/1107770934075.html > Februar 2005 (zugegriffen am 1.03.2005)

Landeszentrale für politische Bildung, Baden-Württemberg:
Der Nahost-Konflikt, online im Internet
<http://www.lpb.bwue.de/aktuell/nahost.htm> 2005 (zugegriffen am 2.03.2005
P,M (genaue Angaben zum Autor nicht verfügbar):
Mit TNT in den Märtyrertod, online im Internet
<http://www.secumag.de/Berichte/Bericht-Terror/hauptteil   bericht-terror.html>,   Februar 2003 (zugegriffen am12.02.2005)

Pipes, Daniel (aus den Englischen von Herzinger, Richard):
Imame in Nadelstreifen, aus ‚Die Zeit', online im Internet
<http://de.danielpipes.org/article/397>, Juni 2002 (zugegriffen am 10.02.2005)

Reuter, Christoph:
Mein Leben ist eine Waffe: Selbstmordattentäter- Psychogramm eines Phänomens
C. Bertelsmann Verlag, München, 2002

Spiegel Online:
Hamas will von Waffenstillstand nicht Wissen, online im Internet
<http://www.spiegel.de/politik/ausland/0,1518,338158,00.html> Januar 2005 (zugegriffen am 28.02.2005)

Spiegel Online:
Unklarheit über die Hintermänner, online im Internet
http://www.spiegel.de/politik/ausland/0,1518,343757,00.html> Februar 2005 (zugegriffen am 1.03.2005)

Wikipedia- Die freie Enzyklopädie:
Israelisch-palästinensischer Konflikt, online im Internet
<http://de.wikipedia.org/wiki/Israelisch-pal%C3%A4stinensischer Konflikt>2005 (zugegriffen am 2.03.2005)

Lightning Source UK Ltd.
Milton Keynes UK
UKHW041027230819
348444UK00001B/40/P